# Vorwort



Liebe Leserin, lieber Leser,

ich freue mich, dass Sie unser Löwenherz-Backbuch in den Händen halten. Es ist von engagierten Menschen mit viel Liebe zusammengestellt worden. Seine Entstehung ist eng mit der Geschichte des „Kinderhospiz Löwenherz“ verknüpft.

Seit der Eröffnung des „Kinderhospiz Löwenherz“ im Oktober 2003 gibt es eine ehrenamtliche Kuchenbackgruppe. Jedes Wochenende wird selbstgebackener Kuchen für die Familien ins Kinderhospiz gebracht. Die liebevolle Zubereitung der Kuchen drückt die Solidarität der Ehrenamtlichen mit den betroffenen Familien aus. So wird deutlich, dass es viele Menschen gibt, die an die Familien denken und bereit sind, sie in ihrer belastenden Situation zu unterstützen: Manche engagieren sich in der Öffentlichkeitsarbeit, in der Küche im Kinderhospiz oder in der ambulanten Kinderhospizarbeit. Andere wiederum beteiligen sich durch eine Spende oder eben dadurch, dass sie den Familien im Kinderhospiz mit dieser familiären Geste des Kuchenbackens das Gefühl geben, willkommen und „zu Hause“ zu sein.

Im Laufe der Jahre wurde immer wieder einmal von den Familien im Kinderhospiz nach Rezepten für besonders wohlschmeckende Kuchen gefragt. So entstand die Idee, ein Löwenherz-Backbuch zusammenzustellen. Die Backgruppe hat sich einige Male getroffen und ein Konzept dafür überlegt. Das Backbuch enthält 52 erprobte, einfach und verständlich formulierte Rezepte für 52 Wochen. Gleichzeitig bietet es Platz für persönliche Notizen und kann so als immerwährender Geburtstagskalender genutzt werden.

Im Herbst 2009 wurde ein Aufruf zur „Großbackaktion“ gestartet. Die breite Resonanz auf diese Bitte um Unterstützung und die Begeisterung, mit der die vielen Leckereien hergestellt, dekoriert und fotografiert wurden, hat uns alle sehr berührt. Neben den Mitgliedern der Backgruppe beteiligten sich viele andere Ehrenamtliche, Freunde und Verwandte mit wunderbaren Rezepten und kreativen Fotos. So ist ein ganz besonderes Buch entstanden. Unser herzlicher Dank geht an alle fleißigen Mitbäckerinnen und Mitbäcker!

Ich wünsche Ihnen beim Nachbacken viel Freude.

Im Namen der Backgruppe,

Fanny Lanfermann
Leitung Koordination Ehrenamt

P.S Alle, die Lust haben, in Zukunft ebenfalls ehrenamtlich Kuchen für Löwenherz zu backen, sind herzlich willkommen.

Kinderhospiz Löwenherz

# Das Kinderhospiz Löwenherz

Das „Kinderhospiz Löwenherz" liegt in Syke zwischen Bremen und Hannover. Es hat acht Pflegeplätze für unheilbar kranke Kinder sowie einen separaten Wohnbereich für Eltern und Geschwister. Jährlich kommen bis zu 150 Familien zu Löwenherz.

Aufgenommen werden Kinder mit schweren Erkrankungen, bei denen eine Heilung nach dem heutigen Stand der Medizin ausgeschlossen ist. Dazu gehören Herzerkrankungen, Hirnschädigungen während der Geburt oder durch einen Unfall, Stoffwechselstörungen, schwere angeborene Fehlbildungen, Chromosomenanomalien und auch fortgeschrittene Krebserkrankungen.

Löwenherz ist für die Familien ein Ort zum Auftanken und zur Stärkung – eine Oase in ihrem anstrengenden Leben. Die erkrankten Kinder werden von professionellen Pflegekräften rund um die Uhr liebevoll und kompetent versorgt, während sich Eltern und Geschwister für einige Wochen erholen können: wieder einmal eine Nacht durchschlafen und Zeit haben für den Partner und auch für die Geschwisterkinder. Denn die Eltern müssen zu Hause ständig verfügbar sein, häufig auch nachts.

Die Angebote richten sich an die gesamte Familie. Für die gesunden Geschwister gibt es spezielle Angebote zum Verarbeiten ihrer besonderen Situation. Sie machen Ausflüge in die Umgebung, in den Wald, basteln oder spielen im Garten. In der Gemeinschaft mit anderen Kindern, die auch einen kranken Bruder oder eine kranke Schwester haben, erleben sie, dass sie nicht alleine sind.

Das Ziel des Teams im Kinderhospiz ist es, den schwerstkranken Kindern eine schöne Zeit zu ermöglichen - in einer liebevollen Atmosphäre, mit Geborgenheit und viel Zuwendung. Löwenherz bietet den Familien Beratung, Begleitung sowie die Vermittlung von Hilfsangeboten am Wohnort an.

Das Kind kann seine letztenTage aber auch im Kinderhospiz verbringen, wenn es zu Hause nicht möglich ist. Gerade in der Zeit des Abschiednehmens hilft die Begleitung durch das erfahrene Team den Familien, das Sterben ihres Kindes bewusst und liebevoll zu gestalten.

# Löwenherz ambulant

Zur Unterstützung der Familien zuhause wurde der „Ambulante Kinderhospizdienst Löwenherz Bremen und Umzu“ gegründet. Des weiteren bietet Löwenherz den Hospizdiensten in Niedersachsen in einem Kooperationsmodell die Schulung und Vernetzung in der Kinderhospizarbeit an. In Osnabrück wird der dortige ambulante Kinderhospizdienst von Löwenherz unterstützt.

Zuhause sind die Familien meist auf sich alleine gestellt. Denn der Alltag der Familien ist von besonderen Herausforderungen geprägt: Die Eltern pflegen ihren Sohn oder ihre Tochter rund um die Uhr. Die Bedürfnisse der Geschwister kommen häufig zu kurz. Das Wissen um die begrenzte Lebenszeit des Kindes belastet die gesamte Familie. Ehrenamtliche Kinderhospizhelferinnen und -helfer begleiten und unterstützen die Familien zu Hause. Dafür werden die Ehrenamtlichen durch eine intensive Schulung vorbereitet. Sie nehmen sich Zeit für das erkrankte Kind und für die Geschwister, lesen vor, singen oder spielen mit ihnen. Auch für die Eltern sind sie wichtige Ansprechpartner. Gerade diese Familien brauchen Menschen in der Nähe, die helfen, diese Last mitzutragen.

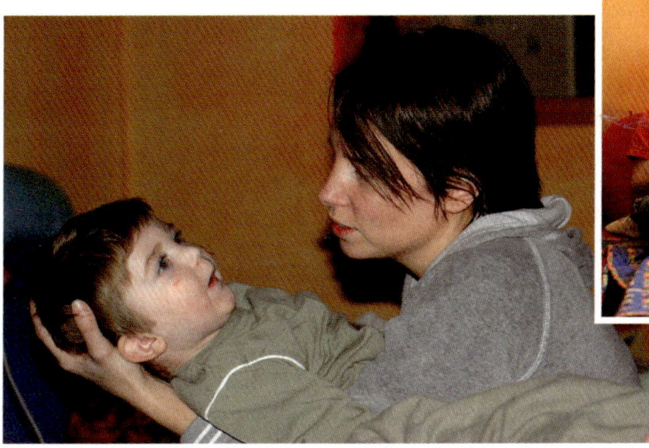

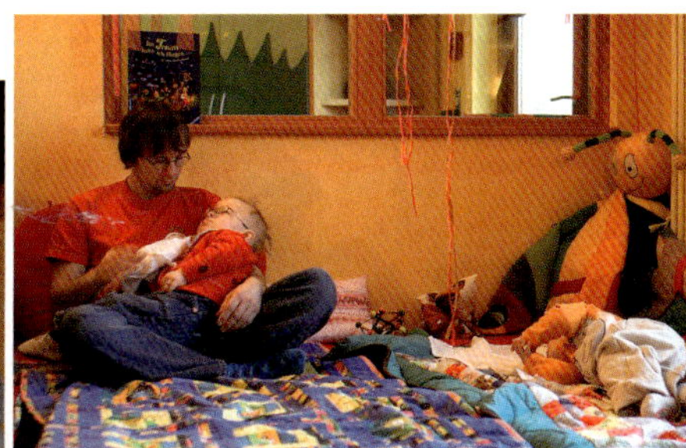

# Der Verein

Der Verein Kinderhospiz Löwenherz e. V. wurde im Mai 1998 ins Leben gerufen. Ziel war es damals, ein Kinderhospiz für schwerstkranke Kinder und ihre Familien aufzubauen. Dieses Ziel wurde im Oktober 2003 mit der Eröffnung des Kinderhospizes erreicht. Seitdem haben uns mehr als 250 Familien besucht.

Inzwischen hat der Verein mehr als 1400 Mitglieder und die Aufgabe, die Arbeit des stationären Kinderhospizes und die ambulante Kinderhospizarbeit sicherzustellen. Diese Aufgaben werden zu einem sehr großen Teil über Spenden finanziert. Ehrenamtliche Helfer und Unterstützer sammeln dafür Spenden und informieren die Bevölkerung.

Guten Appetit!

## Allgemeine Hinweise zur Benutzung des Backbuchs und Abkürzungen

Wir haben versucht, die Rezepte möglichst einfach zu formulieren. Am Ende des Buches finden Sie die Grundrezepte für verschiedene Teigsorten, in denen einzelne Arbeitsschritte erklärt werden.

Die Angaben für das ggf. notwendige Vorheizen des Backofens beziehen sich auf Ober- und Unterhitze, wenn nicht anders angegeben.

**Wir haben folgende Abkürzungen benutzt:**

| | | |
|---|---|---|
| EL | = | Esslöffel |
| TL | = | Teelöffel |
| Pck. | = | Päckchen |
| Btl. | = | Beutel |
| Fl. | = | Flasche |
| Msp. | = | Messerspitze |
| Gl. | = | Glas |

Kinderhospiz Löwenherz

# Inhaltsverzeichnis

# 1. - 7. Januar

Geburtstage · Notizen

# Schokoladen-Muffins

| Zutaten: | | Zubereitung: |
| --- | --- | --- |
| | | Backofen auf 200° vorheizen. |
| 100 g | Zartbitterschokolade (70 % Kakaoanteil) | zerkleinern. |
| 150 g | weiche Butter in Stücken | schaumig rühren. |
| 2 | Eier | |
| 80 g | Zucker | |
| 250 ml | Milch | zugeben und verrühren. |
| 300 g | Mehl | dazugeben und glatt rühren. Auch die zerkleinerte Schokolade zugeben und gut untermischen. |
| 2 TL | Backpulver | |
| 1 Prise | Salz | |
| ½ TL | Natron | |
| | | Den Teig in ein gut gefettetes oder mit Papierförmchen ausgelegtes Muffinblech füllen. |
| | | Im vorgeheizten Backofen auf der mittleren Schiene 20 bis 30 Minuten backen, dabei eine Tasse Wasser mit in den Ofen stellen. |
| 100 g | weiße Schokolade | im Wasserbad schmelzen, dann die Schokolade in einen Gefrierbeutel geben und eine kleine Ecke des Beutels abschneiden. Die Muffins verzieren und evtl. mit bunten Streuseln dekorieren. |

# 8. - 14. Januar

Geburtstage · Notizen

# Butterkuchen

| Zutaten: | Zubereitung: |
|---|---|
| | Backofen auf 180° vorheizen. |
| 250 g Mehl<br>1 ½ Pck. Trockenhefe<br>½ TL Salz<br>1 TL abger. Zitronenschale | Mehl sieben und mit den restlichen Zutaten verrühren. |
| 100 ml Milch<br>1 Ei und 1 Eigelb (Zimmertemperatur) | erwärmen und mit dem Ei und Eigelb zu der Mehlmischung geben. |
| 100 g Butter<br>50 ml warme Milch | verrühren und zu dem Teigansatz geben. |
| | Den Teig 5 Minuten gut abschlagen und abgedeckt mindestens 30 Minuten gehen lassen. |
| 50 g Butter | in Flocken teilen und kaltstellen. |
| 100-125 g Sahne<br>100-125 g saure Sahne | schlagen, miteinander verrühren und kalt stellen. |
| | Aufgegangenen Teig gut durchkneten und auf einem gefetteten Backblech ausrollen. Danach mit der Sahne bestreichen. Locker abdecken und nochmals min. 30 Minuten gehen lassen. Danach kleine Mulden in die Teigplatte drücken. |
| 100 g weiche Butter | in die Mulden geben. |
| 2 Pck. Vanillezucker<br>1 gute Prise Salz<br>80-100 g Zucker<br>½ TL Zimt<br>100-150 g gehobelte Mandeln | Alles miteinander mischen und anschließend über den Kuchen streuen. Ein drittes Mal gehen lassen. |
| | Dann den Kuchen auf mittlerer Schiene 15 bis 20 Minuten vorbacken. Herausnehmen, nochmals kleine Mulden hineindrücken und mit den kaltgestellten Butterflocken füllen. |
| 50 g Hagelzucker | Anschließend mit Hagelzucker bestreuen. |
| | Danach weitere 10 bis 15 Minuten nicht zu dunkel backen. |

# 15. - 21. Januar

Geburtstage · Notizen

# Käsetorte „Oma Erna“

| Zutaten: | | Zubereitung: |
|---|---|---|
| 150 g | Mehl | Backofen auf 130 – 140° vorheizen. |
| 3 g | Backpulver | . |
| 65 g | Zucker | Mürbeteig herstellen. |
| 2 | Eigelb | |
| 1 EL | Wasser | Springform 26 cm Ø einfetten und die Form mit dem Teig auslegen – den Rand hochziehen. |
| 50 g | Fett | |
| ½ l | Milch | aus den Zutaten einen Pudding kochen und abkühlen lassen. |
| 200 g | Zucker | |
| 2 Pck. | Vanillepuddingpulver | |
| ½ Fl. | Zitronenaroma | |
| 750 g | Quark (evtl. Rosinen) | zum Pudding geben. |
| 3 | Eiweiß | steif schlagen und unterheben. |
| | | Die Puddingmasse auf den Boden geben. |
| Eigelb und etwas Wasser | | verrühren und über den Kuchen geben. |
| | | Den Kuchen 50 bis 60 Minuten auf mittlerer Schiene backen. |

# 22. - 28. Januar

Geburtstage · Notizen

# Eierlikörkuchen

| Zutaten: | | Zubereitung: |
|---|---|---|
| | | Backofen auf 175° vorheizen. |
| 250 g<br>250 g<br>4 | Butter<br>Zucker<br>Eier | schaumig rühren. |
| 250 g<br>1 Pck. | Mehl<br>Backpulver | vermengen und hinzugeben. |
| ¼ l<br>100 g | Eierlikör<br>Raspelschokolade | hinzufügen. |
| | | Den fertigen Teig in eine gefettete Kranzform füllen und 60 Minuten backen.<br>Den Kuchen auf einem Kuchengitter abkühlen lassen. |
| 150 g | dunkle Kuvertüre | schmelzen, auf den Kuchen geben und verzieren. |

# 29. Januar - 5. Februar

Geburtstage · Notizen

# Waldmeistertorte

| Zutaten: | Zubereitung: |
|---|---|
| | Backofen auf 160° Umluft vorheizen. |
| 125 g Butter<br>100 g Zucker<br>2 Eier<br>150 g Mehl<br>1 TL Backpulver | Aus den Zutaten einen Rührteig herstellen. |
| | In einer Springform 26 cm Ø auf der mittleren Schiene des Backofens 25 Minuten backen. Abkühlen lassen. |
| 500 g Dickmilch<br>3 Pck. Vanillezucker<br>Saft einer Zitrone<br>200 ml Waldmeistersirup | miteinander verrühren. |
| 10 Blatt weiße Gelatine | einweichen, erhitzen, auflösen, leicht abgekühlt zur Dickmilchmischung hinzufügen. |
| 500 ml Sahne | schlagen und unterheben. |
| | Einen Tortenring um den Boden legen. Die Masse einfüllen und ca. 1,5 Stunden kühl stellen. |
| ¼ l Wasser<br>1 Btl. Götterspeise (Waldmeister)<br>3 EL Zucker | vermischen und erhitzen, nicht kochen. Abkühlen lassen und auf die Füllung geben. Torte nochmal kühlen. |

# 6. - 12. Februar

## Geburtstage · Notizen

# Philipps Weltbester Marmorkuchen

| Zutaten: | | Zubereitung: |
| --- | --- | --- |
| | | Backofen auf 180° Umluft vorheizen. |
| 250 g | Butter | in Stückchen schneiden und cremig rühren. |
| 150 g<br>1 Pck.<br>1 Prise<br>4 | Zucker<br>Vanillezucker<br>Salz<br>Eier | 3 EL Zucker abnehmen und beiseite stellen. Die restlichen Zutaten verrühren. |
| 300 g<br>2 TL<br>3 EL | Mehl<br>Backpulver<br>Milch | Mehl und Backpulver mischen. Mit der Milch nach und nach unterrühren. |
| | | 2/3 des Teiges in die Form füllen. |
| 30 g<br>2 EL | Kakao<br>Milch | mit der Milch und dem restlichen Zucker mit dem übrigen Teig gut verrühren. |
| | | Den Schokoladenteig auf den hellen Teig geben. Eine Gabel spiralförmig durch den Teig ziehen.<br>Die Backform auf der untersten Schiene 60 Minuten backen lassen. Mit einem Holzstäbchen prüfen, ob noch Krümel anhängen. Evtl. noch eine halbe Stunde länger backen. Den Kuchen in der Form kurz abkühlen lassen und dann auf ein Kuchengitter stürzen. Ganz abkühlen lassen. |
| 2 EL | Puderzucker zum Bestäuben | Puderzucker auf ein Sieb geben und den Kuchen damit bestäuben. |

# 13. - 19. Februar

## Geburtstage · Notizen

# Bienenstich „à la Tante Inge“

| Zutaten: | | Zubereitung: |
|---|---|---|
| | | Backofen auf 175° vorheizen. |
| 5 | Eier | 7 Minuten mit dem Mixer schlagen. |
| 200 g | Zucker | dazugeben und weitere 7 Minuten schlagen. |
| 100 g<br>1 TL | Mehl (gesiebt)<br>Backpulver | mischen und dazugeben. |
| | | Springform 26 cm Ø fetten und bemehlen. Den Teig in die Form geben. |
| 50-100 g | gehobelte Mandeln | auf den Teig geben. |
| | | Dann 30 Minuten auf mittlerer Schiene backen. Abkühlen lassen. Mittig durchschneiden und mit einem Tortenring umlegen. |
| 750 ml<br>1 Btl. | Sahne<br>Galetta Vanille | steif schlagen. |
| | | Auf den unteren Boden geben. Den zweiten Boden darauflegen. Fertig. |

# 20. - 26. Februar

Geburtstage · Notizen

# Waffeln

| Zutaten: | | Zubereitung: |
| --- | --- | --- |
| 6 | Eiweiß | zu einem festen Schnee schlagen. |
| 6<br>120 g<br>140 g | Eigelb<br>weiche Butter<br>Zucker | glatt rühren. |
| 250 ml | Sahne | zufügen und vermengen. |
| 200 g | Mehl | dazugeben und unterrühren. |

Zum Schluss den Eischnee zur Masse geben und ebenfalls unterheben.

Dann den Teig portionsweise im Waffeleisen mit Herzchenform backen.

## 27. Februar - 5. März

Geburtstage · Notizen

# Donauwellen

| Zutaten: | Zubereitung: |
|---|---|
| **Buttercreme** | Backofen auf 175° vorheizen. |
| ½ l Milch<br>100 g Zucker<br>1 ½ Pck. Vanillepuddingpulver | einen Pudding kochen. |
| 15 g Pflanzenfett (z.B. Palmin, Biskin, usw.) | in den heißen Pudding geben und kalt rühren. |
| 200 g Butter | Butter schaumig rühren. Den Pudding löffelweise unterrühren. |
| **Boden** | |
| 250 g Butter<br>250 g Zucker<br>6 Eier<br>350 g Mehl<br>1 Pck. Backpulver | Aus den Zutaten einen Rührteig herstellen. |
| 2 EL Kakao | Eine Hälfte des Teiges mit dem Kakao verrühren. |
| | Den hellen Teig auf ein gefettetes Backblech streichen, den dunklen darüber geben. |
| 1 gr. Gl. Sauerkirschen | Sauerkirschen auf dem Teig verteilen und bei 175 ° C 30 Minuten backen. |
| | Etwas abkühlen lassen. Die Buttercreme auf den Kuchen streichen. |
| 1 Tafel Vollmilchschokolade<br>1 Tafel Halbbitterschokolade<br>50 g Pflanzenfett | schmelzen und auf den kalten Kuchen streichen. |

# 6. - 12. März

Geburtstage · Notizen

# Goldtröpfchen Torte

| Zutaten: | | Zubereitung: |
|---|---|---|
| 250 g | Mehl | Backofen auf 200° vorheizen.<br>175° Umluft.<br>Stufe 3 Gas. |
| 1 TL | Backpulver | |
| 85 g | Zucker | |
| 85 g | kalte Butter in Flöckchen | zu einem glatten Teig verkneten. |
| 1 | Ei | 30 Minuten kalt stellen. |
| 1 | Prise Salz | Springform 26 cm Ø einfetten. 2/3 des Teiges auf den Boden drücken. 1/3 zur Rolle formen und den Formrand ca. 4 cm hoch andrücken. |
| 4 | Eigelb | |
| 750 g | Magerquark | |
| 150 g | Zucker | |
| 1 Pck. | Vanillezucker | Zutaten verrühren. |
| 1/2 Pck. | Puddingpulver „Sahne-Geschmack" | |
| Saft | von ½ Zitrone | |
| 150 ml | Sonnenblumenöl | |
| 700 ml | Milch | in kleinen Mengen dazugeben, bis eine dünnflüssige Masse entsteht. |
| | | Quark-Masse auf den Teig geben und auf mittlerer Schiene 45 bis 50 Minuten backen. |
| 4 | Eiweiß | steif schlagen. |
| 100 g | Zucker | |
| | | Das geschlagene Eiweiß auf den heißen Kuchen streichen und weitere ca. 20 Minuten bei 175° Ober-Unterhitze/ Umluft 150°/Gas Stufe 2 backen. |
| | | Nach dem Backen mit der Gabel viele Male in den Kuchen einstechen, damit die „Goldtröpfchen" beim Auskühlen herauskommen. |

# 13. - 19. März

## Geburtstage · Notizen

# Möhrentorte

| Zutaten: | | Zubereitung: |
|---|---|---|
| 4 | Eier | trennen. |
| 3 EL | Wasser | Eiweiß mit dem Wasser steif schlagen. |
| 200 g | Zucker | unterrühren und dann das Eigelb dazugeben. |
| 250 g<br>1 Pck. | Haselnüsse<br>Backpulver | dazugeben. |
| 250 g | geriebene Möhren | zum Schluss einrühren. |

Den Teig in eine Springform 26 cm Ø geben. Bei 160° Heißluft oder 180° Ober-/Unterhitze 50 bis 60 Minuten im **nicht vorgeheizten Backofen** backen.

Kinderhospiz Löwenherz

# 20. - 26. März

Geburtstage · Notizen

# Kokoskuchen

| Zutaten: | Zubereitung: |
|---|---|
| | Backofen auf 180° vorheizen. |
| 2 Tassen Zucker<br>4 Eier | schaumig rühren. |
| 1 Tasse Buttermilch | unterrühren. |
| 4 Tassen Mehl<br>1 Pck. Backpulver<br>1 Tasse Buttermilch | unter die Eimasse geben. |
| 1 Btl. Kokosflocken<br>1 Tasse Zucker | mischen und über den Teig streuen. |
| | Dann 20 Minuten auf der mittleren Schiene backen. |
| 400 ml Sahne | über den heißen Kuchen gießen. |

# 27. März - 2. April

Geburtstage · Notizen

# Milchschnitten-Kuchen

| Zutaten: | | Zubereitung: |
|---|---|---|
| | | Backofen auf 180° vorheizen. |
| 300 g | Margarine | schmelzen. |
| 200 g<br>5 EL<br>1 Prise | Mehl<br>lösliches Kakaopulver<br>Backpulver | mischen. |
| 5<br>250 g<br>200 g | Eier<br>Zucker<br>Schmand | mit der Margarine und der Kakaomischung zu einem Teig verrühren und auf 2 Bleche verteilen. 20 Minuten backen und abkühlen lassen. |
| **Creme:** | | |
| 400 g<br>3 EL<br>2 Pck.<br>2 Pck. | Schlagsahne<br>Zucker<br>Vanillezucker<br>Sahnesteif | steifschlagen. |
| 200 g | Schmand | unterheben. |
| | | Die Creme auf einen Boden streichen, mit dem zweiten Boden bedecken. |
| **Glasur:** | | |
| 2-3 EL<br>8-10 EL<br>200 g | Kakaopulver<br>flüssige Sahne<br>Puderzucker | verrühren und auf den Kuchen streichen. Dann kalt stellen, bis die Glasur fest ist. |

# 3. - 9. April

Geburtstage · Notizen

# Gedeckte Kirsch-Amarettini Torte

| Zutaten: | | Zubereitung: |
|---|---|---|
| | | Backofen auf 180° vorheizen.<br>26er Springform einfetten und bemehlen. |
| **Füllung:** | | |
| 1 Gl. | Kirschen | abtropfen lassen und den Saft auffangen. |
| 1 Pck.<br>100 ml<br><br>2 EL | Vanillepuddingpulver<br>Wasser<br>Kirschsaft<br>Zucker | Einen Pudding herstellen, die Kirschen hinzufügen und abkühlen lassen. |
| **Boden:** | | |
| 4<br>2 EL | Eier<br>Wasser | trennen und das Eiweiß mit dem Wasser steif schlagen. |
| 125 g<br>1 Prise<br>1 | Zucker<br>Salz<br>Vanilleschote (Mark auslösen) | einrieseln lassen. Die Eigelbe unterrühren. |
| 100 g<br>25 g<br>1 TL | Mehl<br>Speisestärke<br>Backpulver | mischen und unterheben. Anschließend den Teig in die Springform füllen und 25 bis 30 Minuten abbacken. Auskühlen lassen und den Boden 1 x durchschneiden. Um den unteren Boden einen Tortenring legen. |
| 3-4 EL | Amaretto Likör | auf den unteren Boden träufeln.<br>Dann die Kirschmasse (Füllung) kuppelartig auf den unteren Boden geben; dabei einen 2 cm breiten Rand frei lassen. |
| 500 g<br>2 Pck. | Sahne<br>Vanillezucker | steif schlagen und auf die Kirschen und den Rand verteilen, so dass es wieder eine glatte Fläche ergibt. Den oberen Boden auflegen und alles 30 Minuten kühl stellen. |
| 50 g | Amarettini Kekse | grob zerbröseln. |
| 400 g<br>1 Pck. | Sahne<br>Vanillezucker | steif schlagen.<br>Torte aus dem Ring lösen und mit 2/3 der Sahne rundherum einstreichen. Danach die Amarettinibrösel an den Rand drücken. |
| 1 | Marzipandecke (Dr. Oetker o. Schwartau) | ausrollen und mit dem Tortenring eine Decke ausstechen. Diese dann auf die Torte legen. Mit der restlichen Sahne Tuffs auf den Deckel spritzen. Nach Belieben mit Kirschen oder Cocktailkirschen verzieren. |

# 10. - 16. April

Geburtstage · Notizen

# Rhabarberkuchen mit Schmand

| Zutaten: | | Zubereitung: |
|---|---|---|
| | | Backofen auf 180° vorheizen.<br>Umluft 160°. |
| 500 g | Rhabarber | Den geputzten Rhabarber in 3 cm lange Stücke schneiden. |
| 125 g<br>1 Pck. | Zucker<br>Vanillezucker | mischen. |
| 125 g<br>3 | weiche Butter<br>Eier | mit dem Zuckergemisch vermengen, nach und nach unterrühren. |
| 150 g<br>75 g<br>2 TL | Mehl<br>Speisestärke<br>Backpulver | mischen und unterrühren.<br>Anschließend in eine gefettete Springform 26 cm Ø füllen und glattstreichen. |
| | | Rhabarberstücke auf dem Teig verteilen, leicht in den Teig drücken und 35 Minuten auf der untersten Schiene vorbacken. |
| 200 g<br>75 g<br>1 Pck.<br>2 | Schmand<br>Zucker<br>Vanillezucker<br>Eier | verrühren und anschließend auf den Teig geben. Dann nochmals ca. 25 Minuten auf der mittleren Schiene fertigbacken. |
| | Puderzucker | Abkühlen lassen und danach mit Puderzucker bestreuen. |

# 17. - 23. April

## Geburtstage · Notizen

# Philadelphiatorte

| Zutaten: | | Zubereitung: |
|---|---|---|
| | | Ohne Backen. |
| 100 g | weiche Butter | schmelzen. |
| 200 g | Löffelbiskuit | in einen Gefrierbeutel geben und zerkleinern. Anschließend mit der Butter vermengen. |
| | | Masse in eine Springform 26 cm Ø geben und andrücken. |
| 1 Btl. | Götterspeise Zitronengeschmack | mit Wasser verrühren und 10 Minuten quellen lassen. |
| 200 g<br>100 g<br>2 Pck.<br>30 ml | Frischkäse (z.B. Philadelphia)<br>Zucker<br>Vanillezucker<br>Zitronensaft | glattrühren. |
| 50 g | Zucker | zur Götterspeise geben und unter Rühren erhitzen, bis alles gelöst ist (nicht kochen). Abkühlen lassen und anschließend 1 Stunde kaltstellen, bis die Masse zu gelieren beginnt. Dann mit dem Frischkäse vermengen. |
| 600 ml | Sahne | steif schlagen und unter die Masse heben. Das Ganze auf den Boden geben und über Nacht im Kühlschrank fest werden lassen. |
| | | Evtl. mit Früchten dekorieren. |

# 24. - 30. April

## Geburtstage · Notizen

# Aprikosenkuchen

| Zutaten: | | Zubereitung: |
|---|---|---|
| | | Backofen auf 160° Umluft vorheizen. |
| 80 g | Butter | Aus den Zutaten einen Rührteig herstellen. |
| 80 g | Zucker | |
| 1 | Ei | |
| 1 Pck. | Vanillezucker | |
| 200 g | Mehl | |
| ½ Pck. | Backpulver | |
| 1 Prise | Salz | |
| | | Den Teig in eine 26 cm Ø Form verteilen. |
| 1 gr. | Dose Aprikosen | abtropfen lassen und anschließend mit der Öffnung nach oben auf den Teig legen. |
| 1 Pck. | gehackte Mandeln (100 g) | auf die Aprikosen geben. |
| 200 ml | Sahne | verrühren und danach über den Kuchen geben. |
| 100 g | Zucker | |
| 1 | Eigelb | |
| | | Ca. 55 Minuten backen. |

# 1. - 7. Mai

## Geburtstage · Notizen

# Rote-Grütze-Torte

## Zutaten:

### Für den Boden:

| | |
|---|---|
| 100 g | Weizenmehl |
| ½ Pck. | Backpulver |
| 75 g | Zucker |
| 1 Pck. | Vanillezucker |
| 3 | Eier (Größe M) |
| 2 EL | neutrales Speiseöl |
| 1 EL | Essig |

### Für die Creme:

| | |
|---|---|
| 400 g | Schmand |
| 150 g | Gelierzucker (1:1 Produkt) |
| 500 ml | Sahne |
| Saft von 1 Zitrone | |

### Für den Belag:

| | |
|---|---|
| 1 Becher (500 g) | Rote Grütze aus dem Kühlregal |
| 1 Pck. | Tortenguss klar |
| 2 EL | Wasser |

## Zubereitung:

Backofen auf 200° vorheizen, Umluft 180°.

Die Zutaten in etwa einer Minute zu einem glatten Teig verarbeiten. Den Teig in eine Springform (ca. 26cm, Boden gefettet, mit Backpapier belegt) füllen, glatt streichen und 15-20 Minuten backen.

Wenn es schnell gehen soll, kann man alternativ auch sehr gut folgenden Boden zubereiten:
150 g Löffelbiskuit klein mahlen, 120 g Butter zerlassen und verkneten und in eine mit Backpapier ausgelegte Springform drücken.

Für die Creme Schmand mit Gelierzucker gut verrühren. Die Sahne sehr steif schlagen und mit dem Zitronensaft unter die Schmandcreme heben. Die Creme auf den Boden füllen und glatt streichen.

Die Torte einige Stunden in den Kühlschrank stellen (am besten über Nacht).

Die Rote Grütze in einen Topf geben. Den Tortenguss mit Wasser verrühren, in die Grütze geben und einmal aufkochen lassen. Die Grützenmasse etwas abkühlen lassen, dann auf die Torte geben und glatt streichen. Die Torte kalt stellen, bis die Grützenmasse erkaltet ist.

# 8. - 14. Mai

## Geburtstage · Notizen

# Cappuccinotorte

| Zutaten: | | Zubereitung: |
| --- | --- | --- |
| | | Backofen auf 175 ° C vorheizen. |
| 1 Gl. | Schattenmorellen | erhitzen und mit Mondamin andicken, anschließend kalt stellen. |
| 5 | Eier | Einen Biskuitboden herstellen, in die eingefettete Springform 26 cm Ø geben und ca. 20 Minuten backen. |
| 200 g | Zucker | |
| 1 Pck. | Vanillezucker | |
| 200 g | Mehl | |
| 1 Pck. | Backpulver | |
| 500 ml | Sahne | steif schlagen (evtl. Zucker hinzufügen – je nach Geschmack). |
| 2 Btl. | Cappuccino | |
| | | Den Biskuitboden mit den Schattenmorellen belegen. Anschließend die geschlagene Cappuccinosahne gut auf den Belag verteilen. |
| 100 ml | Sahne | steif schlagen und damit die Torte verzieren. |
| | Schokoraspeln | auf die Torte streuen. |

# 15. - 21. Mai

Geburtstage · Notizen

# Käsekuchen mit Brombeeren

| Zutaten: | | Zubereitung: |
|---|---|---|
| | | Backofen auf 175° vorheizen. |
| 100 g | Butter o. Margarine | schmelzen und abkühlen lassen. |
| 250 g | Brombeeren | kalt abspülen und abtropfen lassen. |
| 750 g | Quark | |
| 3 | Eier (Gr. M) | |
| 60 g | Gries | |
| 250 g | Zucker | alles miteinander verrühren. |
| 1 Pck. | Vanillezucker | |
| 1 Pck. | Puddingpulver Vanille | |
| 2 TL | Backpulver | |
| | Saft und abgeriebene Schale einer Zitrone | |

Dann das geschmolzene Fett unterrühren. Auch die Brombeeren vorsichtig unterheben.

Springform 26 cm Ø einfetten und mit etwas Gries ausstreuen.

Den Teig in die Form geben und auf der mittleren Schiene 60 bis 70 Minuten goldgelb backen.

Abkühlen lassen.

Vor dem Servieren mit Puderzucker bestreuen.

# 22. - 28. Mai

## Geburtstage · Notizen

# Himbeerschaumtorte

| Zutaten: | | Zubereitung: |
|---|---|---|
| | | Backofen auf 220° vorheizen. |
| 2 | Eier | |
| 1 Pck. | Vanillezucker | |
| 90 g | Zucker | Zutaten zu einem Biskuitteig verarbeiten. |
| 1 EL | Wasser | |
| 100 g | Mehl | Teig in eine 26 cm Ø Springform geben. |
| 1 TL | Backpulver | 15 Minuten abbacken. |
| 2 Pck. | Himbeeren | Die aufgetauten Himbeeren in einem Sieb abtropfen, Saft auffangen. |
| 8 EL | Zucker | Saft mit Wasser auf ½ l Flüssigkeit auffüllen. Götterspeise quellen lassen, Zucker dazu geben, einmal aufkochen und abkühlen lassen. |
| 1 Pck. | Himbeergötterspeise | |
| | | Die Himbeeren auf dem Boden verteilen. |
| ½ l | Sahne, geschlagen | Wenn die Götterspeise geliert (nach ca. 45 bis 60 Minuten im Eisfach), die geschlagene Sahne unterheben und auf die Früchte geben. |
| | | 2 bis 3 Stunden kaltstellen. |
| | | Mit frischen Himbeeren verzieren. |

# 29. Mai - 4. Juni

Geburtstage · Notizen

# Käsesahnetorte

| Zutaten: | Zubereitung: |
|---|---|
| | Backofen auf 180° vorheizen. |
| 200 g Mehl<br>½ TL Backpulver<br>90 g Zucker<br>1 Pck. Vanillezucker<br>1 Prise Salz<br>1 Ei<br>90 g kalte Butter | Aus den Zutaten einen Mürbeteig herstellen.<br><br>Eine 26 cm Ø Springform fetten und den Teig darin auslegen. Mit einer Gabel einige Male einstechen und auf mittlerer Schiene 30 Minuten backen. |
| 250 g Zucker<br>4 Eigelb | schaumig rühren. |
| 750 g Quark<br>Saft von 1 Zitrone | dazugeben und verrühren. |
| 10 Blatt Gelatine | einweichen und erwärmen. Anschließend die Quarkmasse löffelweise unterrühren, bis sich alles gut verbunden hat. |
| 400 ml Sahne | steif schlagen. |
| 4 Eiweiß | ebenfalls steif schlagen und mit der Sahne unter die Quarkmasse heben. |
| 1 gr. Dose Tortenpfirsiche o. Mandarinen als Tortenbelag | Den Mürbeteigboden mit einigen Früchten belegen und die Quarksahnecreme darauf verteilen. Die Torte kühl stellen und anschließend mit dem restlichen Obst verzieren. |

# 5. - 11. Juni

## Geburtstage · Notizen

# Biskuitkuchen mit Obstsalat

| Zutaten: | | Zubereitung: |
|---|---|---|
| | | Backofen auf 175° vorheizen. Eine Kranzform einfetten. |
| 6 | Eier | trennen. Das Eiweiß zu festem Schnee schlagen. |
| 3<br>3 EL<br>125 g | Eigelb<br>warmes Wasser<br>Zucker | zu einer dickschaumigen Creme aufschlagen. |
| | | Dann den Eischnee unter die Masse heben. |
| 80 g<br>80 g<br>1 TL | Mehl<br>Stärkemehl<br>Backpulver | darüber sieben und alles mit dem Schneebesen locker vermischen. Die Masse in die Kranzform füllen und etwa 30 Minuten auf der mittleren Schiene im Backofen backen. |
| | | Den Kuchen 5 Minuten in der Form abkühlen lassen. Dann mit einem Messer vom Rand lösen und auf ein Kuchengitter stürzen. |
| 500 g<br>3<br>250 g | Aprikosen<br>Kiwis<br>Johannisbeeren | Aprikosen entsteinen, Kiwis schälen. Beides in Scheiben schneiden. Johannisbeeren entstielen. |
| 1 EL<br>2 EL | Zitronensaft<br>Puderzucker | verrühren und zu den Früchten geben. Zugedeckt zur Seite stellen. |
| 100 g<br>¼ l<br><br>¼ l | Puderzucker<br>Zitronensaft<br>(ca. 4 Zitronen)<br>Wasser | miteinander verrühren. |
| | | Den Kuchen auf einen Teller mit Rand legen, mit dem Zitronenwasser langsam begießen. |
| ½ Gl.<br>4 EL | Aprikosenkonfitüre<br>Aprikosengeist oder Wasser | Die Konfitüre erhitzen und durch ein Sieb streichen. Mit Aprikosengeist oder Wasser zu einer dickflüssigen Sauce verrühren und auf den Kuchen geben. Den Obstsalat in die Mitte geben. |

# 12. - 18. Juni

Geburtstage · Notizen

# Maracuja-Sirup-Torte

| Zutaten: | | Zubereitung: |
|---|---|---|
| | | Backofen auf 175° vorheizen. |
| 4 | Eier | trennen. |
| 150 g | Zucker | Eiweiß damit steif schlagen. |
| 200 g<br>1 TL | gemahlene Mandeln<br>Backpulver | mit dem Eigelb zum Eiweiß geben und unterrühren. |
| | | 30 Minuten backen und abkühlen lassen. |
| 500 ml<br>2 Pck.<br>2 Pck. | Sahne<br>Sahnesteif<br>Vanillezucker | steif schlagen. |
| 1-2 gr. | Dosen Ananas | abtropfen lassen. Ananas zerkleinern. Mit der Sahne vermischen. Die Masse auf dem Boden verteilen. |
| 5-6 EL | Maracuja-Sirup | vor dem Servieren auf die Torte geben. |

# 19. - 25. Juni

Geburtstage · Notizen

# Apfel-Mohn-Torte „à la Annemarie“

| Zutaten: | Zubereitung: |
| --- | --- |
| | Backofen auf 160° Umluft vorheizen. |
| 3 Eier<br>100 g Zucker<br>150 g Sonnenblumenöl<br>1 Pck. Vanillezucker<br>1 Prise Salz<br>Schale einer ungespritzten Zitrone<br>80 g Mohnsaat<br>150 g Mehl<br>1 Pck. Backpulver | Aus allen Zutaten einen Rührteig herstellen.<br><br>Eine Springform 26 cm Ø einfetten und mit Paniermehl ausstreuen. Den Teig einfüllen und glatt streichen. 20 – 25 Minuten backen. Den Boden nach dem Backen auf einem Rost abkühlen lassen, dann wieder den Tortenring darum legen. |
| 500 g Äpfel | schälen und klein schneiden. |
| Saft der abgeriebenen Zitrone | dazugeben und kurz verrühren. |
| 400 ml Apfelsaft<br>1 Pck. Vanille-puddingpulver<br>50 g Zucker<br>½ TL Zimt | vermischen. Unter ständigem Rühren aufkochen lassen, bis die Masse dick wird.<br><br>Dann die zerkleinerten Apfelstücke dazugeben. Weitere 2 Minuten umrühren und kochen. Die Apfelmischung auf den Boden geben und abkühlen lassen. |
| 500 g Sahne<br>½ TL Zimt<br>1 Pck. Vanillezucker<br>1 Pck. Sahnesteif | steif schlagen.<br><br>Dann die Sahne auf die Füllung geben und glatt streichen. Mit etwas Mohnsaat bestreuen. Wer möchte, kann die Torte noch mit Pralinen oder Schokostückchen verzieren. |

# 26. Juni - 2. Juli

Geburtstage · Notizen

# Schnelles Brot

**Zutaten:**

| Menge | Zutat | Zubereitung |
|---|---|---|
| ½ l | kaltes Wasser | Die Hefe zerbröseln und alles miteinander verrühren. |
| ½ | Würfel Hefe | |
| 1 TL | Salz (leicht gehäuft) | |
| ½ TL | Honig | |
| 675 g | Weizenvollkornmehl (ersatzweise Dinkel oder beides gemischt) | langsam zu der Hefemasse hinzugeben und solange mit der Küchenmaschine kneten, bis sich der Teig vom Schüsselrand löst. Dann den Teig in eine gefettete Kastenform geben und oben einschneiden. |
| 50 g | Sonnenblumenkerne | |

**Zubereitung:**

Die Form in den **kalten Ofen** stellen und bei 200 – 225° insgesamt 1 Stunde backen.

Wer möchte, kann Kräuter oder gehackte, gebratene Zwiebeln dazugeben. Kürbiskörner sind aber auch sehr schmackhaft.

# 3. - 9. Juli

Geburtstage · Notizen

# Mandarinen-Schmand-Torte

| Zutaten: | | Zubereitung: |
|---|---|---|
| 1 Tasse | Zucker | Umluftherd auf 160° vorheizen. |
| 4 | Eier | |
| 1 Tasse | Öl | Alles gut verrrühren. |
| 4 Pck. | Vanille-Puddingpulver | |
| 1 Pck. | Backpulver | Den Teig in eine Springform 26 cm Ø füllen. |
| | | Auf der mittleren Schiene 40 Minuten backen. Den gebackenen Boden abkühlen lassen und einmal durchschneiden. |
| 2 Becher | Schmand | |
| 100 g | C- Frisch (Orangengetränkepulver) | verrühren. |
| 500 ml | Sahne | |
| 2 Pck. | Sahnesteif | steif schlagen. |
| 4 Blatt | Gelatine | Nach Packungsanweisung auflösen und in die Sahne-Schmandmasse geben. |
| 2 Dosen | Mandarinen | gut abtropfen lassen und zur Schmand-Sahnemasse geben (einige für die Verzierung zurücklegen). |
| | | Wenn die Masse beginnt, fest zu werden, die Hälfte auf den geteilten Boden geben und mit dem zweiten Boden abdecken. Den Rest der Sahnemasse darauf verstreichen und anschließend den Kuchen mit den übrigen Mandarinenscheiben verzieren. |

Geburtstage · Notizen

# Apfel-Mandelschnitte

| Zutaten: | | Zubereitung: |
|---|---|---|
| | | Backofen auf 180 – 200° vorheizen. |
| 400 g | Butter oder Margarine | Fett und Zucker schaumig schlagen, dann die Eier, das Salz und das Aroma dazu und zuletzt das Mehl/Backpulvermix kurz unterrühren. |
| 300 g | Zucker | |
| 8 | Eier | |
| 1 Prise | Salz | |
| 1 Pck. | Vanillezucker | |
| 400 g | Mehl | |
| 1 Pck. | Backpulver | |
| | | Backblech fetten und mit Mehl oder Semmelbrösel ausstauben. Den Teig auf dem Blech verstreichen. |
| ca. 1 kg | Äpfel | schälen, entkernen und in Spalten schneiden. |
| 250g | gestiftelte Mandeln Zimt | über die Äpfel streuen. |
| | | Auf mittlerer Schiene 20 bis 30 Minuten backen. |

# 17. - 23. Juli

## Geburtstage · Notizen

# Ameisenkuchen

| Zutaten: | | Zubereitung: |
| --- | --- | --- |
| | | Backofen auf 170° vorheizen. |
| 100 g | Zartbitterschokolade | zerkleinern. |
| 250 g<br>180 g<br>1 Pck. | weiche Butter<br>Zucker<br>Vanillezucker | schlagen, bis die Masse cremig ist. |
| 4 | Eier | unterrühren und schaumig rühren. |
| 200 ml<br>1 EL | Eierlikör<br>Rum | zugeben. |
| 250 g<br>1 Pck. | Mehl<br>Vanillezucker | zugeben und unterrühren. |

Die zerkleinerte Schokolade ebenfalls unterrühren.

Eine Gugelhupfform einfetten und den Teig in die Form füllen.

Auf mittlerer Schiene 50 bis 70 Minuten backen.

# 24. - 30. Juli

Geburtstage · Notizen

# Versunkener Apfelkuchen

| Zutaten: | | Zubereitung: |
|---|---|---|
| | | Backofen auf 175° vorheizen. |
| 150 g | Butter o. Margarine | |
| 150 g | Zucker | |
| 1 Pck. | Vanillezucker | alles schaumig rühren. |
| 1 TL | abger. Zitronenschale | |
| 1 | Prise Salz | |
| 3 | Eier | nach und nach dazugeben. So lange weiterrühren, bis die Masse weißlich ist. |
| 175 g | Mehl | |
| 1 TL | Backpulver | dazugeben und unterheben. |
| 2 EL | gemahlene Mandel (ohne Haut) | |
| | | Eine Springform 26 cm Ø fetten und mit Paniermehl ausstreuen, den Teig einfüllen. |
| 750 g | säuerliche Äpfel | schälen, vierteln und die Kerngehäuse herausschneiden. Die Viertel mit einem Messer an der Oberfläche mehrmals einschneiden. |
| | etwas Zitronensaft | Äpfel mit Zitronensaft beträufeln. |
| | | Auf mittlerer Schiene 70 bis 80 Minuten backen. |
| 3 EL | Waldfrucht- oder Aprikosenmarmelade | Konfitüre in einem Topf erwärmen und den Kuchen damit bestreichen. |
| 2 EL | gehobelte Mandeln | Mandeln in der Pfanne rösten und auf den Kuchen geben. |

# 31. Juli - 6. August

## Geburtstage · Notizen

# Lemon-Tarte

| Zutaten: | | Zubereitung: |
|---|---|---|
| | | Backofen auf 200° vorheizen. |
| 100 g | kalte Butter in Flocken | |
| 70 g | Zucker | |
| 1 Msp. | Salz | Alles miteinander verkneten und einen Mürbeteig herstellen. |
| 1 | Eigelb | |
| 1 EL | Milch | |
| 200 g | Mehl | |
| | | Eine flache Form 26 cm Ø einfetten und mit Mehl bestäuben. Teig ausrollen, in die Form geben und überstehende Ränder abschneiden. Mit der Gabel einige Löcher in den Teig stechen. |
| | | 10 bis 15 Minuten backen, dann den Ofen auf 160° stellen. |
| **Füllung:** | | |
| 3 | unbehandelte Zitronen | Die Schale einer Zitrone abreiben und alle drei auspressen. |
| 6 | Eier | schaumig schlagen. |
| 250 g | Zucker | |
| 200 ml | Sahne | dazugeben. Zum Schluss Zitronenschale und den Saft unterrühren. |
| | | Füllung auf den vorgebackenen Boden geben, noch einmal ca. 40 Minuten backen und abkühlen lassen. |
| | Puderzucker | Dann mit Puderzucker bestreuen. |

# 7. - 13. August

## Geburtstage · Notizen

# Apfelkuchen

| Zutaten: | | Zubereitung: |
|---|---|---|
| 125 g<br>125 g<br>1 Pck.<br>1<br>250 g<br>½ Pck. | Zucker<br>Butter<br>Vanillezucker<br>Ei<br>Mehl<br>Backpulver | Backofen auf 200° vorheizen.<br><br>zu einem Mürbeteig verarbeiten.<br><br>Eine Springform 26 cm Ø einfetten und den Teig in die Form geben. 20 Minuten auf der mittleren Schiene backen. Abkühlen lassen. 1 Schicht von oben (ca. 1/3 des Bodens) abschneiden und zerbröseln. |
| 10 | große Äpfel | schälen und in Stücke schneiden. |
| 125 g<br>1 Tasse | Zucker<br>Wein oder Apfelsaft | Die Äpfel darin dünsten. |
| 1 Pck.<br>4 EL | Vanillepudding<br>Wein oder Apfelsaft | verrühren und die Äpfel damit andicken. Abkühlen lassen und den Boden damit belegen. |
| ½ l<br>1 Pck. | Sahne<br>Vanillezucker | steif schlagen und<br>auf die Apfelschicht geben. |
| 1 EL<br>2 EL<br>1 Pck. | Butter<br>Zucker<br>Vanillezucker | Den zerbröckelten Boden in Butter und Zucker anrösten und abgekühlt auf die Sahne geben. |

# 14. - 20. August

Geburtstage · Notizen

# Obstkuchen vom Blech

| Zutaten: | | Zubereitung: |
| --- | --- | --- |
| 500 g | Mehl | Backofen auf 200° vorheizen. |
| 100 g | Zucker | Aus allen Zutaten einen Mürbeteig kneten, kühl stellen. |
| 1 | Ei | |
| 1 Pck. | Vanillezucker | |
| 1 | Prise Salz | |
| 250 g | Butter | |
| 100 g | Butter | zu Streuseln verarbeiten. |
| 100 g | Zucker | |
| 6 EL | Semmelbrösel | |
| 1 TL | Zimt | |
| 1,5 kg | frisches Obst z.B. Johannisbeeren, Sauerkirschen, Stachelbeeren oder Pflaumen (gerne auch je 500 g verschiedener Sorten) | waschen, ggf. Strünke entfernen (bei Pflaumen entkernen und halbieren). |
| | | Den Teig ausrollen und auf ein Backblech legen. Die Streusel darauf verteilen. 10 Minuten backen. Dann das Obst in engen Reihen darauf legen. Noch einmal 25 Minuten backen. |
| ½ Tasse Zucker | | Aus dem Ofen nehmen und sofort mit Zucker bestreuen. |

# 21. - 27. August

Geburtstage · Notizen

# Gebackene Käsetorte „Oma Wilma“

| Zutaten: | | Zubereitung: |
|---|---|---|
| | | Ofen auf 160° vorheizen. |
| 250 g<br>125 g<br>65 g<br>1 TL<br>1 | Mehl<br>Butter o. Margarine<br>Zucker<br>Backpulver<br>Ei | Aus den Zutaten einen Mürbeteig herstellen. |
| | | Eine 26 cm Ø Springform einfetten und den Teig in die Form drücken und am Rand hochziehen. |
| 3<br>180 g | Eigelb<br>Zucker | schaumig schlagen. |
| 1 kl.<br>500 g<br>2 Pck. | Tasse Öl<br>Magerquark<br>Vanillepuddingpulver | vermengen und zu der Eigelbmasse geben. |
| ca. ½ l | Milch | dazugeben und unterrühren, bis die Masse flüssig wird. Auf den Teig geben. |
| | | Im Backofen (mittlere Schiene) 50 Minuten backen. |
| 3<br>100 g | Eiweiß<br>Zucker | steif schlagen. Auf den Kuchen geben und weitere 10 Minuten backen. |

# 28. August - 3. September

Geburtstage · Notizen

# Amarettini-Pflaumenkuchen

| Zutaten: | | Zubereitung: |
|---|---|---|
| | | E-Herd: 175°/Umluft: 150°. |
| 750 g | Zwetschen oder Pflaumen | halbieren und entsteinen. |
| 4 | Eier | 2 Eier trennen. Eiweiß kühl stellen. |
| 2<br>2<br>125 g<br>100 g<br>1 Prise | Eigelb<br>Eier<br>weiche Butter<br>Zucker<br>Salz | nacheinander verrühren. |
| 150 g<br>50 g<br>2 gestr. | Mehl<br>Speisestärke<br>TL Backpulver | darübersieben. Dann verrühren. |
| 2 EL | Amaretto (Mandellikör) | einrühren. |
| 75 g | Amarettini (ital. Mandelkekse) | unterheben. |
| | | In eine 26 Ø gefettete Form geben.<br>Die Zwetschen darauf verteilen.<br>Ca. 35 bis 40 Minuten backen. |
| 2 | Eiweiß | steif schlagen. |
| 100 g<br>1 Prise | Zucker<br>Salz | einrieseln lassen. |
| | Puderzucker | Den Eischnee locker auf den Kuchen geben. Weitere 12 bis 15 Minuten backen, bis der Baiser eine leichte Bräunung hat. Abkühlen lassen und mit Puderzucker bestäuben. |

# 4. - 10. September

Geburtstage · Notizen

# Ritas Pflaumenkuchen

| Zutaten: | | Zubereitung: |
|---|---|---|
| | | Backofen auf 170° vorheizen. |
| 150 g<br>6 EL<br>6 EL<br>75 g<br>1 Pck.<br>1 Pck. | Quark<br>Milch<br>Öl<br>Zucker<br>Vanillezucker<br>Backpulver | verrühren. |
| 300 g | Mehl | hinzugeben und alles zu einem festen Teig verarbeiten. Kühl stellen. |
| 250 g<br>150 g<br>1 Pck.<br>150 g<br>50-100 g | Mehl<br>Zucker<br>Vanillezucker<br>Butter<br>gemahlene Mandeln | mit dem Knethaken zu Streuseln verarbeiten. |
| 1,5 kg | Pflaumen | waschen, entkernen, halbieren. |
| | | Den Teig ausrollen und auf ein mit Backpapier ausgelegtes Backblech legen. |
| ½ Gl. | Pflaumenmus | auf den Teig streichen. |
| | | Die vorbereiteten Pflaumen in engen Reihen darauf legen, Streusel darüber verteilen. |
| | | 50 bis 60 Minuten backen. |

# 11. - 17. September

Geburtstage · Notizen

# Kürbis-Gugelhupf

| Zutaten: | | Zubereitung: |
| --- | --- | --- |
| | | Backofen auf 180 ° (Umluft 160°) vorheizen. |
| 400 g | Kürbis (z. B. Baby Bear, Muskat, Hokkaido) | schälen und fein raspeln. |
| 150 g | gemahlene Haselnüsse | in einer Pfanne goldbraun rösten. Abkühlen lassen. |
| | | Gugelhupfform ca. 22 cm Ø ausbuttern. |
| 4 | Eier | trennen. |
| 300 g<br>200 g | zimmerwarme Butter<br>Zucker | schaumig schlagen. Nach und nach Eigelbe unterrühren. |
| 300 g<br>4 TL | Mehl<br>Backpulver | mischen und auf die Buttercreme sieben. Mit den gerösteten Haselnüssen kurz unterheben. |
| 1 Prise | Salz | mit den Eiweißen zu steifem Schnee schlagen. |
| 100 g | Zucker | in den Eischnee einrieseln lassen. |
| | | Eischnee und Kürbisraspel abwechselnd unterheben. Den Teig in die Form geben. 60 Minuten backen. Danach auf ein Kuchengitter stürzen und abkühlen lassen. |
| Saft einer 1/2 Orange<br>Orange Lebensmittelfarbe<br>(ersatzweise rote und gelbe mischen)<br>200 g Puderzucker | | Zuckerguss erstellen und auf den Gugelhupf streichen. |

# 18. - 24. September

Geburtstage · Notizen

# Löwenherz-Kuchen

| Zutaten: | | Zubereitung: |
|---|---|---|
| | | Backofen auf 175 ° vorheizen. |
| 125 g | Butter | Einen Rührteig herstellen. |
| 100 g | Zucker | |
| 1 Pck. | Vanillezucker | |
| 1 TL | Backpulver | |
| 3 | Eier | |
| 125 g | Mehl | |
| 50 g | Speisestärke | |
| | abger. Zitronenschale | Den Teig in eine gefettete Herzform (24 cm) geben. 25 bis 30 Minuten backen. Abkühlen lassen. |
| 500 g | Magerquark 20 % | miteinander verrühren. |
| 75 g | Zucker | |
| 1 Pck. | Vanillezucker | |
| Saft | von einer ½ Zitrone | |
| 1 Pck. | TK-Himbeeren | auftauen, pürieren und den gesiebten Puderzucker unterheben. Etwa die Hälfte der Himbeeren mit dem Quark verrühren und auf den Kuchen geben. Die restlichen Himbeeren auf den Quark geben. |
| 2 EL | Puderzucker | |
| Fertige Blätterteigrolle (alternativ Marzipan als Decke) | | Mit der ausgeschnittenen Löwenschablone von Seite 113 einen Löwen aus dem Teig ausschneiden und mit Lebensmittelfarben ein Gesicht darauf malen. Mittig auf den Kuchen legen. |

# 25. September - 1. Oktober

Geburtstage · Notizen

# Amerikanische Kürbistorte

| Zutaten: | | Zubereitung: |
|---|---|---|
| 300 g<br>120 g<br>1 TL<br>½ TL<br>11 EL<br>1<br>60 ml | Mehl Typ 550<br>Zucker<br>Orangenabrieb<br>Salz<br>kalte Butter in Stückchen<br>großes Ei<br>Sahne | Backofen auf 175° vorheizen.<br><br>Aus den Zutaten einen Knetteig herstellen. Anschließend in Frischhaltefolie wickeln und mindestens 1 Stunde kaltstellen (kann bis zu einer Woche im Kühlschrank aufbewahrt werden). |
| 600 g<br><br>1<br>100 ml | Kürbisfleisch (vorzugsweise Hokaido)<br>Scheibe Ingwer<br>Wasser | in kleine Stückchen schneiden und dünsten. Anschließend pürieren. Abkühlen lassen. |
| 3<br>100 g<br>100 g<br>2 EL<br>1 TL<br>¼ TL<br>¼ TL<br>100 ml<br>2 cl.<br>½ TL | große Eier<br>Zucker<br>brauner Zucker<br>Mehl<br>Zimt<br>gemahlene Nelken<br>Salz<br>Sahne<br>Cognac o. Bourbon<br>geriebener Ingwer | Alle Zutaten zum Kürbismus geben und nochmals vermengen.<br><br>Den Teig aus dem Kühlschrank nehmen und 5 bis 10 Minuten bei Zimmertemperatur liegen lassen. |
| 120 g<br>80 g<br>100 g<br>½ TL<br>½ TL<br>100 g<br>100 g<br>30 g | Mehl<br>Zucker<br>brauner Zucker<br>Zimt<br>Salz<br>kalte Butter<br>gehackte Walnüsse<br>kandierten Ingwer (gehackt) | Eine Springform 26 cm Ø einfetten. Den Teig ausrollen und in die Form geben. Den Rand ca. 5 cm hochziehen. Die Füllung hinein geben.<br><br>Aus den Zutaten Streusel herstellen und auf den Kuchen geben.<br><br>65 bis 75 Minuten backen. |

# 2. - 8. Oktober

Geburtstage · Notizen

# Kürbisbrot

| Zutaten: | | Zubereitung: |
|---|---|---|
| | | Ofen auf 200° vorheizen. |
| 600 g | gewürfeltes Kürbisfleisch | ca. 15 Minuten dünsten.<br>10 Minuten abkühlen lassen. |
| 10 EL | Wasser | |
| 1 TL | Salz | |
| 100 g | Margarine | hinzufügen und alles pürieren. |
| 800 g | Mehl | Aus den Zutaten und der leicht abgekühlten Kürbismasse einen Hefeteig zubereiten. |
| 1 ½ | Würfel frische Hefe (alternativ 2 Päckchen Trockenhefe) | |
| 10 EL | warme Milch | |
| 150 g | Zucker | |
| | | Den Teig in eine große Kastenform füllen und nochmal 10 Minuten gehen lassen. Längs mit einem Messer einritzen. 20 Minuten bei den angegebenen 200° backen. Dann den Ofen auf 150° herunterstellen und weitere 90 bis 100 Minuten backen. |

# 9. - 15. Oktober

## Geburtstage · Notizen

# Herrentorte

| Zutaten: | | Zubereitung: |
|---|---|---|
| | | Backofen auf 180° vorheizen. |
| 100 g | Butter/Margarine | |
| 100 g | Zucker | |
| 3 | Eigelb | |
| 60 g | Kakao | Aus den Zutaten einen Rührteig herstellen. |
| 15 g | Speisestärke | |
| 125 g | gemahlene Haselnüsse | |
| 1 TL | Backpulver | |
| 3 | Eiweiß | steif schlagen und unterheben. |
| | | Eine Springform 26 Ø einfetten und den Teig etwa 20 bis 30 Minuten backen. Abkühlen lassen. |
| 1 kl. Gl. | Preiselbeeren | Den Boden umdrehen und mit den Preiselbeeren bestreichen. |
| 300 ml | Sahne | schlagen und auf die Preiselbeeren geben. |
| Dunkle Schokoraspeln | | Den Kuchen damit bestreuen. |

# 16. - 22. Oktober

Geburtstage · Notizen

# Maulwurfshaufen

| Zutaten: | | Zubereitung: |
| --- | --- | --- |
| | | Ofen auf 175° vorheizen. |
| 4 | Eier | trennen. |
| 100 g | Zucker | mit dem Eigelb zu einem Rührteig verarbeiten. |
| 60 g | Margarine | |
| 100 g | gem. Mandeln | |
| 50 g | Instant Haferflocken | |
| 150 g | Schokoraspeln Zartbitter | |
| 2 EL | Mehl | |
| 1 Pck. | Backpulver | |
| | | Eiweiß steif schlagen und unter den Teig heben. Anschließend in eine gefettete 26 cm Ø Springform füllen und 45 Minuten auf der mittleren Schiene backen. |
| 250 ml | Sahne | steif schlagen. |
| | | Den Kuchen abkühlen lassen und danach aushöhlen – Rand stehen lassen – die Masse zerbröseln. Eine Hälfte mit der geschlagenen Sahne mischen. |
| 1 Gl. | Sauerkirschen | Sauerkirschen abtropfen lassen. Den Saft mit dem Tortenguss andicken und dann die Kirschen dazugeben. Die Kirschen auf den Boden geben und abkühlen lassen. Anschließend die Sahnemasse darüber streichen und die restliche Bröselmasse auf dem Kuchen verteilen. |
| 1 Pck. | Tortenguss | |

# 23. - 29. Oktober

Geburtstage · Notizen

# Nusskuchen

| Zutaten: | | Zubereitung: |
| --- | --- | --- |
| | | Backofen auf 175° (Umluft 150°) vorheizen. |
| 300 g<br>200 g<br>2 Pck. | Margarine<br>Zucker<br>Vanillezucker | schaumig rühren. |
| 4 | Eier | nach und nach zugeben. |
| 250 g<br>1 TL<br>1 Prise | Mehl<br>Backpulver<br>Salz | vermischen, in kleinen Mengen zugeben. |
| 2 Tropfen<br>4 EL | Bittermandelöl<br>Rum / Rumaroma | unterrühren. |
| 100 g | geriebene Haselnusskerne | hinzufügen. |
| | | Teig in eine eingefettete Kastenform geben und 60 bis 70 Minuten backen. |

# 30. Oktober - 5. November

Geburtstage · Notizen

# Nusskuchen „à la Hella“

**Zutaten:**

**Zubereitung:**

Backofen auf 175° vorheizen.

| | |
|---|---|
| 200 g | Mehl |
| 100 g | Margarine |
| 1 | Ei |
| 75 g | Zucker |

Zutaten zu einem Mürbeteig verarbeiten.

10 Minuten ruhen lassen.

| | |
|---|---|
| 200 g | Haselnüsse gemahlen |
| 185 g | Butter |
| 75 g | Zucker |
| 1/8 - 1/4 l | Milch |

Zutaten in einem Topf erhitzen.

Den Teig in eine Springform 26 cm Ø geben. Die etwas abgekühlte Nussmasse darauf verteilen. Backen, bis die Nussmasse schön gebräunt aussieht. Die Unterseite des Kuchens mit Schokoladenguss bestreichen, dann erkalten lassen. Anschließend die Torte schneiden und jedes 2. Stück einfach umdrehen.

# 6. - 12. November

Geburtstage · Notizen

# Kaffee-Sahne-Torte

| Zutaten: | | Zubereitung: |
|---|---|---|
| | | Backofen auf 175° vorheizen. |
| 6 | Eier | Eier trennen. Eiweiß steif schlagen. |
| 150 g | Zucker | mit dem Eigelb schaumig schlagen. |
| 100 g<br>3 EL<br>1 Pck. | gemahlene Haselnüsse<br>Paniermehl<br>Backpulver | unter das Eigelb heben. |
| 40 g | Schokoraspeln | ebenfalls mit dem Eiweiß unter die Masse heben. |
| | | Springform 26 cm Ø, mittlere Schiene, 40 Minuten backen. **Auskühlen lassen!!** Vom abgekühlten Tortenboden einen etwa 1 cm dünnen Deckel abschneiden und zerbröseln. Den Springformrand oder einen Tortenring um den Tortenboden schließen. |
| 600 g<br>3 Pck.<br>2 Pck. | Schlagsahne<br>Sahnesteif<br>Vanillezucker | steif schlagen. |
| 1 Tüte | Nescafé-frappé Typ Eiscafe (40 g) | zum Schluss dazugeben. |
| | | Die Mokkasahne auf den Tortenboden streichen. Mit den Teigbröseln bestreuen. Die Torte ca. 2 Stunden kaltstellen. |
| 1 EL | Mandelblättchen | in der Pfanne rösten, abkühlen lassen und über den Kuchen geben. |
| 1 EL<br>1 EL | Puderzucker<br>Schokoraspeln | über den Kuchen geben. |

# 13. - 19. November

Geburtstage · Notizen

# Feine Kokosschnitten

| Zutaten: | | Zubereitung: |
|---|---|---|
| | | Backofen auf 180° vorheizen. |
| 200 g<br>180 g<br>4<br>100 g | Mehl<br>Butter<br>Eigelb<br>Puderzucker | verkneten und 30 Minuten kühl stellen. |
| | | Ein Backblech mit Backpapier auslegen und den Teig darauf verteilen und mit der Gabel mehrmals einstechen. |
| 200-250 g | Himbeer- oder Johannisbeer-gelee/Konfitüre | Den Teig damit bestreichen. |
| 4<br>100 g | Eiweiß<br>Zucker | steif schlagen und nach und nach den Zucker einrieseln lassen. |
| 200 g | Kokosflocken | unterheben und gleichmäßig über die Konfitüre streichen. |
| | | Kuchen auf mittlerer Schiene 30 Minuten backen und noch warm in Stücke/Rauten schneiden.<br>Danach mit Puderzucker bestreuen. |

# 20. - 26. November

Geburtstage · Notizen

# Cantuccini

| Zutaten: | Zubereitung: |
|---|---|
| | Backofen auf 200° vorheizen. |
| 175 g Mandeln<br>(alternativ geschälte Mandeln) | in einem heißen Wasserbad einweichen und anschließend enthäuten.<br>Gut trocknen lassen. |
| 250 g Mehl<br>150 g Zucker<br>1 TL Backpulver<br>1 Pck. Vanillezucker<br>½ Fl. Bittermandelaroma<br>1 Prise Salz | auf eine Arbeitsfläche häufen.<br>In die Mitte eine Mulde drücken . |
| 25 g weiche Butter<br>2 Eier | in die Mulde geben und alles zu einem Teig verarbeiten. |

Dann die gehäuteten Mandeln in den Teig einarbeiten. 30 Minuten kalt stellen.

Danach den Teig in 6 Teile schneiden und Rollen von 25 cm Länge formen.

Die Rollen im Abstand von 8 cm auf ein mit Backpapier ausgelegtes Backblech legen und bei 200° 10 bis 15 Minuten vorbacken. Abkühlen lassen. Dann in 1 cm dicke Scheiben (schräg) schneiden. Diese mit der Schnittfläche nach unten aufs Blech legen und 8 bis 10 Minuten weiterbacken. Gut gekühlt in einer Blechdose aufbewahren.

# 27. November - 3. Dezember

Geburtstage · Notizen

# Walnuss-Bissen mit Schoko

| Zutaten: | | Zubereitung: |
| --- | --- | --- |
| | | Backofen auf 180° vorheizen. Umluft 160°. |
| 250 g | Mehl | |
| 175 g | Butter | |
| 75 g | Puderzucker | |
| 1 TL | Kakaopulver | Teigzutaten glatt verkneten und zu Rollen (Ø ca. 4 cm ) formen. In Folie gewickelt ca. 60 Minuten kühlen. |
| 1 Prise | Salz | |
| 1 Msp. | Backpulver | |
| 60 g | gemahlene kaliforn. Walnüsse | |
| 1 Pck. | Vanillezucker | |
| 1 | Eigelb | Teigrollen in ca. 1 cm dicke Scheiben schneiden. Auf mit Backpapier ausgelegte Bleche setzen. |
| 60 g | Walnüsse | Walnusskerne längs halbieren. Die Plätzchen damit belegen. Ca. 10 Minuten backen, danach auf einem Kuchengitter erkalten lassen. |
| 150 g | Zartbitterkuvertüre | grob hacken und im Wasserbad schmelzen. Plätzchen zur Hälfte in die Schokolade tauchen. |
| 40 g | kandierte Früchte (z. B. Orange und Angelikawurzel) | in feine Streifen schneiden. Plätzchen damit verzieren. Den Guss fest werden lassen. |

# 4. - 10. Dezember

Geburtstage · Notizen

# Linzer Torte

| Zutaten: | Zubereitung: |
|---|---|
| | Backofen auf 180 – 190° vorheizen. Gas Stufe 3. |
| 250 g Mehl<br>250 g gemahlene Mandeln<br>250 g Butter<br>200 g Zucker<br>1 Ei<br>1 Eigelb<br>1 Msp. gemahlene Nelken<br>1 TL Zimt | alles miteinander vermengen. |
| Saft und Schale einer halben Zitrone | dazu geben und alles zu einem glatten Teig verarbeiten. |
| | Anschließend 2/3 des Teiges in eine 26 cm Ø gefettete Form geben. Rand etwas andrücken. |
| 1 kl. Gl. Johannisbeer-marmelade | auf dem Teig verteilen. |
| | Aus dem restlichen Teig bleistiftdicke Rollen formen und als Gitter über die Marmelade legen. Evtl. mit etwas verquirltem Eigelb bestreichen. |
| Puderzucker | Die Torte nach dem Abkühlen mit Puderzucker bestäuben. |

# 11. - 17. Dezember

Geburtstage · Notizen

# Apfelkuchen mit Zimt

**Zutaten:**

**Zubereitung:**

| | | |
|---|---|---|
| 300 g | Mehl | Backofen auf 200° vorheizen. |
| 2 TL | Backpulver | |
| 200 g | Butter | |
| 75 g | Zucker | |
| 1 Pck. | Vanillezucker | Alles miteinander verrühren. |
| 1 Prise | Salz | |
| 1 | geriebene Zitrone | |
| 2 | Eigelb | 2/3 vom Teig in eine gefettete Springform geben und den Rand hochziehen. |
| 2 EL | Sahne | |
| 2 EL | Mehl | zu dem restlichen Teig geben und Streusel herstellen. |
| 1 kg | Äpfel | |
| 1 EL | Butter | in einem Topf dünsten. |
| 2 EL | Zucker | |
| 1 TL | Zimt | |

Die gedünsteten Äpfel auf den Teig geben.
Dann die Streusel auf die Äpfel geben.
Im Backofen ca. 40 Minuten backen.
Anschließend den Kuchen abkühlen lassen und mit Puderzucker bestreuen.

# 18. - 24. Dezember

Geburtstage · Notizen

# Weihnachtskuchen

| Zutaten: | | Zubereitung: |
|---|---|---|
| | | Backform auf 200° vorheizen. |
| 1 Dose | halbe Birnen | abtropfen lassen. |
| 150 g | Butter | |
| 150 g | Zucker | schaumig rühren. |
| 3 | Eier | |
| 300 g | Mehl | Das mit Backpulver vermischte Mehl dazugeben und die Milch nach und nach hinzufügen. |
| 3 TL | Backpulver | |
| 1/8 l | Milch | |
| 100 g | Raspelschokolade | |
| 1 EL | Kakao | |
| 4 EL | zarte Haferflocken | |
| 1 EL | Rum / Rumaroma | Die Zutaten der Reihe nach dazugeben. |
| Etwas | Zimt | |
| 1 Msp. | Muskat | |

2/3 des Teiges in eine gefettete Springform 26 cm Ø geben, die Birnenhälften darauf verteilen und den restlichen Teig darüber verstreichen.

Den Kuchen ca. 60 Minuten backen.

# 25. - 31. Dezember

## Geburtstage · Notizen

# Schokoladen-Baumkuchen

| Zutaten: | | Zubereitung: |
|---|---|---|
| | | Ofen vorheizen, Grill auf 250°. |
| 250 g | Butter o. Margarine | |
| 250 g | Zucker | |
| 5 | Eier | Alles miteinander verrühren und schaumig schlagen. |
| ½ | Zitrone (Saft u. Schale) | |
| 2 EL | Amaretto | |
| 1 Prise | Salz | |
| 125 g | Speisestärke | |
| ½ TL | Zimt | |
| ½ TL | Koriander | vermengen und über die Eimasse geben. |
| 125 g | Mehl | |
| 100 g | Mandelblättchen | zuletzt unterziehen. |
| | | Eine Springform 26 cm Ø einfetten (Rand und Boden) und mit Backpapier auslegen. Ca. 2 EL Teig auf den Boden streichen und unter dem Grill ca. 1 bis 2 Minuten hellbraun backen. So fortfahren, bis der Teig verbraucht ist. Ergibt 8 bis 9 Schichten. Danach abkühlen lassen. |
| 1 Btl. | Kuvertüre dunkel | schmelzen lassen und auf dem umgedrehten Kuchen verteilen. Fest werden lassen. |
| | Marzipandecke | Sternchen ausstechen und auf dem Kuchen verteilen. |

# Grundrezepte

## Mürbeteig

(braucht ca. 30 Minuten Ruhezeit)

Für einen Mürbeteig vermischt man die angegebenen Mengen Mehl, Zucker, eine Prise Salz (falls angegeben auch geriebene Nüsse oder Backaromen) in einer Schüssel und macht mit der Faust eine Vertiefung in das Mehl.

Kalte (!) Butter in Flocken auf den Rand des Mehls, Ei und/oder Flüssigkeit nach Angabe in die Vertiefung geben und alles ca. 5 Minuten kräftig von außen nach innen durchkneten (mit dem Knethaken des Rührgerätes oder mit der Hand). Der Teig muss sich von der Schüsselwand lösen, sich glatt, aber nicht nass anfühlen. Falls er noch zu „nass“ sein sollte, etwas Mehl nachkneten.

Den Teig nun zu einer Kugel formen und abgedeckt (oder in Frischhaltefolie) mind. 30 Minuten kühl stellen. Nach dem Ruhen den Teig nach Belieben verarbeiten.

## Rührteig

Butter oder Margarine für einen Rührteig sollten Zimmertemperatur haben. Das Fett wird zunächst mit dem Zucker schaumig gerührt. Dann werden nach und nach die Eier hineingeschlagen und weitergerührt, bis eine cremige Masse entsteht, Mehl und Backpulver werden vermischt und mit allen weiteren angegebenen Zutaten unter fortlaufendem Rühren untergemischt. Der Teig ist gut, wenn er „reißend“ (langsam) vom Löffel fällt.

## Biskuitteig

Die im Rezept angegebenen Eier sollten Kühlschranktemperatur haben. Sie werden getrennt, und das Eiweiß wird zusammen mit einer Prise Salz sehr steif geschlagen. Das geschlagene Eiweiß wird vorübergehend kühl gestellt.

Die Eigelbe werden mit Zucker (plus Vanillezucker, ggf. Aromen, abgeriebene Zitronenschale oder -saft usw.) sehr schaumig gerührt. Den gekühlten Eischnee auf die Eimasse häufen. Das Mehl wird mit Backpulver (und Stärkemehl, falls angegeben) vermischt und auf das Eiweiß gesiebt. Dann vorsichtig miteinander verrühren zu einem luftigen Teig.

Bei einem Biskuitteig ist es gut, die Backform zu fetten und zusätzlich mit Mehl oder mit Semmelbröseln auszustreuen.

## Hefeteig

(braucht ca. 1,5 Stunden Ruhezeit)

Mehl mit Zucker vermischen und in eine Rührschüssel geben. In die Mitte des

Mehls eine Vertiefung hineindrücken. Die frische Hefe zerbröseln und mit ein wenig der angegebenen, leicht angewärmten Flüssigkeit verrühren (Es kann auch Trockenhefe verwendet werden). Die Mischung in die Vertiefung geben und mit einer Gabel mit ein wenig Mehl in der Mitte verrühren. Diesen Vorteig mit einem Geschirrtuch abdecken und an einem warmen Ort (ohne Zugluft) ca. 15 Minuten gehen lassen.

Die restliche Flüssigkeit (handwarm) und alle anderen Zutaten hinzufügen (falls Butter im Rezept steht, bitte weiche Butter verwenden; evtl. auflösen und dann vor der Verwendung kurz abkühlen lassen). Mit dem Knethaken des Rührgerätes zunächst auf niedriger Stufe kurz verrühren, dann auf höchster Stufe 5 bis 10 Minuten zu einem glatten Teig verarbeiten (der Teig muss sich von der Schüsselwand lösen). Wieder abdecken und gehen lassen, bis er sich sichtbar vergrößert (fast verdoppelt) hat. Dies dauert ca. 30 bis 60 Minuten, je nach Raumtemperatur.

Danach den Teig abermals kräftig durchkneten und anschließend in die gewünschte Form bringen (als Brotlaib formen oder ausrollen). In die Backform füllen (oder auf das Backblech legen), wiederum abgedeckt 15 bis 30 Minuten aufgehen lassen.

Danach mit der angegebenen Temperatur backen.

## Notizen

# Alphabetisches Inhaltsverzeichnis

Schablone für den Löwenherz-Kuchen von Seite 81

(Ausschneiden und auf die Blätterteigrolle legen)